만화로 배우는 잡학지식, 잡학툰

삼천리 방방곡곡에 억울한 법이 없게 하라!

버업

법으로 Ver.UP 되는 만화

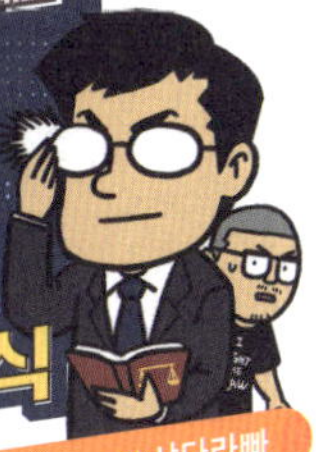

당하지 않고 살아가는 25가지 필수 법 상식

글 W변(이영욱) · 그림 샤다라빠

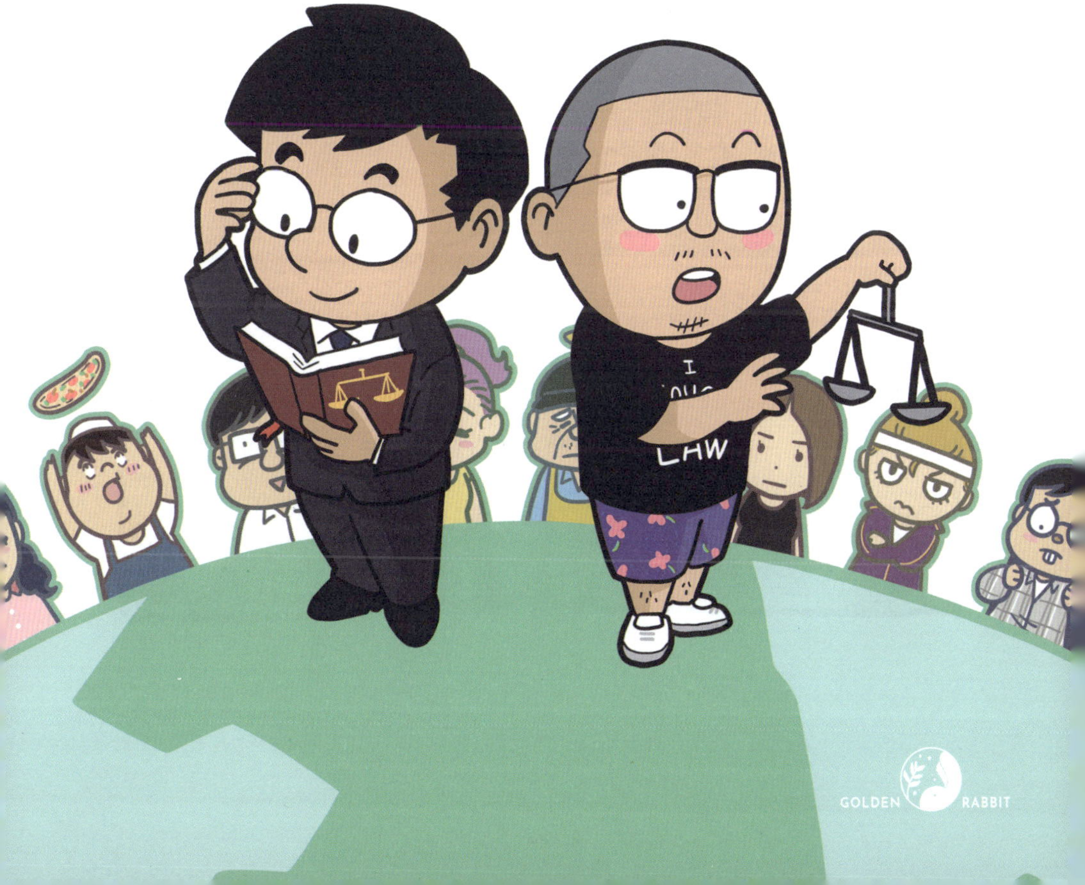

GOLDEN RABBIT

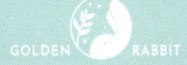

목차

Episode 1	10년 전의 판결문	⋯7
Episode 2	상표권의 주인공은 누구?	⋯17
Episode 3	운수 좋은 날	⋯27
Episode 4	증인 찬스	⋯35
Episode 5	올바른 직장 사용법 - 근로계약서 편	⋯45
Episode 6	아버지의 붕어빵 가게	⋯53
Episode 7	너님의 이름은	⋯61
Episode 8	내가 보낸 돈, 꿔준 거야? 준 거야?	⋯69
Episode 9	투자금의 함정	⋯77
Episode 10	나의 저작권 피해 배상 다이어리	⋯85
Episode 11	사업자로 만들어드려요	⋯95
Episode 12	나는 말하지 않을 수 없었다	⋯103
Episode 13	과외비는 나의 것	⋯113
Episode 14	내용증명 요리법	⋯121

Episode 15	비밀의 명단	…129
Episode 16	동업 결의	…139
Episode 17	빼앗긴 전세 보증금	…147
Episode 18	법원! NO FEAR!	…155
Episode 19	멀고 먼 사기의 길	…163
Episode 20	바람둥이의 결혼 약속	…173
Episode 21	나에게 압수수색이?	…181
Episode 22	성범죄 누명은 예기치 않게	…191
Episode 23	빼앗긴 그림에 봄은 오는가	…199
Episode 24	나의 특허를 지켜줘	…207
Episode 25	내가 뭘 할 수 있는데	…215

Episode 1
10년 전의 판결문

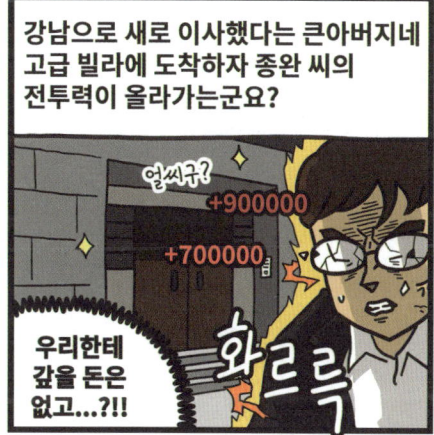

W변의 버업 특강

민법에서는 '소멸시효'라는 제도가 있다. 일정 기간 동안 권리행사를 하지 않으면 더 이상 권리를 행사할 수 없다는 제도로, 시간이 지남에 따라 법률 관계를 안정화하자는 데 목적이 있다. 제도의 또 다른 이유로는 유명한 법 격언으로 '권리 위에 잠자는 자는 보호받지 못한다'가 있다. 어쨌거나 소멸시효의 기본 기간은 10년(채권)이다(민법 제162조 제2항).

> **민법 제162조 (채권, 재산권의 소멸시효)**
> ① 채권은 10년간 행사하지 아니하면 소멸시효가 완성한다.
> ② 채권 및 소유권 이외의 재산권은 20년간 행사하지 아니하면 소멸시효가 완성한다.

판결문에도 소멸시효가 있을까? 즉, 판결문을 받은 다음 10년이 지나면 판결문도 소멸시효에 걸릴까? 놀랍게도 그렇다. 판결문을 갖고 집행할 수 있는 권리도 채권으로 10년의 소멸시효에 걸린다.

그렇다면 10년 안에 집행을 해서 만족을 얻거나, 10년이 지나면 판결문의 효력을 연장시켜야 할 필요가 있는데, 이때는 해당 판결문을 갖고 다시 소송을 제기하면 된다. 판사들도 '소멸시효 완성을 막기 위해 소송을 했구나'라고 생각해서 기계적으로 같은 판결을 내려준다.

따라서 어렵게 판결을 해서 승소판결을 얻으신 독자분이시여! 판결문을 받고도 휴지조각이 되지 않도록 유의하실 것~! 그 판결문을 날리고 새로 재판을 하려고 해도 이미 기존 권리도 소멸시효에 걸려버렸을 가능성이 높으니 주의하자.

형사 공소시효

민사상 소멸시효와 좀 다른 것으로 형사상 공소시효라는 것이 있다. 공소시효는 범죄자가 죄를 범한 후 일정 기간이 경과하면 국가의 소추권이 소멸하여 공소제기(기소)가 불가능해지는 기간이다. 예를 들어 사기는 공소시효가 10년, 횡령은 7년, 업무상 횡령은 10년이다.

Episode 2
상표권의 주인공은 누구?

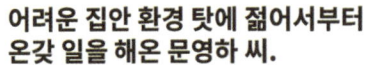

무엇보다 상표권부터 먼저 고민하고
누구보다 빠르게 등록하기를...!

그 후에 시간이 되면
메뉴 고민도 해보시고요

그게 나중이군요...

W변의 버업 특강

상표의 기본 원칙은 '먼저 등록하는 사람이 임자'라는 것인데, 이것을 '선등록주의'라고 한다. 먼저 생각한 사람도 아니고, 먼저 사용한 사람도 아니다. 먼저 등록한 사람이 우선이다.

> **상표법 제35조(선출원)**
> ① 동일·유사한 상품에 사용할 동일·유사한 상표에 대하여 다른 날에 둘 이상의 상표등록출원이 있는 경우에는 먼저 출원한 자만이 그 상표를 등록받을 수 있다.

필자가 최근에 경험한 사건이 하나 있다. 건실하게 출판업을 영위하시는 분이 '백사장'이라는 브랜드명으로 10여 년간 꾸준히 좋은 책을 내서 호응을 얻었다(브랜드 이름은 가명). 그런데 어느날, 이분이 책을 파는 인터넷 쇼핑몰에서 해당 서적의 판매 중지 조치가 내려진 것. 알고 보니 누군가 뒤늦게 '백사장'을 서적류에 상표 등록한 다음 쇼핑몰에 상표권자임을 주장하며 판매 중지를 요청한 것이다. 이 출판사 사장님께서는 좋은 책을 내는 데 전념하셔서 미처 상표 등록까지는 생각하지 못하신 것이다. 결국 이 분께서는 눈물을 머금고 새로운 브랜드를 만들고 책을 옮겨야 하나 고민하고 계시다.

이런 상표 탈취(?)를 국제적으로 진행한 이들이 중국에서 한국 상표를 선점하고 팔아넘긴 브로커들이다(슬프게도 상당수는 한국인이 이런 행위를 했다고도 한다).

 물론 이런 선등록주의의 몇몇 예외가 있긴 하다(선사용 통상실시권 등). 그러나 그런 경우는 정말 예외이고, 상표의 기본 원칙은 선등록주의이니 상품이나 서비스를 판매하는 등 사업을 생각하시는 독자분이라면 우선적으로 고려해야 할 것이 브랜드 네이밍과 상표 등록일 것이다.

Episode 3
운수 좋은 날

 **W변의 버업 특강**

요즘은 조금 더 잠잠해진 것으로 보이지만, 한때 보이스피싱이 기승을 떨친 적이 있다. 그 와중에서도 장기판의 '졸'로 쓰인 보이스피싱 알바생들의 사연이 슬프다.

이들은 대체로 보이스피싱 조직의 최말단에서 잡스러운 일(현금 전달 등)을 해서 잡힌 경우가 많은데, 이들 중 상당수가 취업이 어려운 현실에 알바라도 해서 돈을 벌어보고자 하는 생각으로 무슨 일인지도 모르고 그 일을 하게 된 것이다.

'몰랐다'고 변명을 해봤자 통하지 않고, 주범 격인 보이스피싱범은 잡히지 않은 상태에서 실형 또는 집행유예형에 처해지는 경우가 많다. 그렇다고 합의를 하자니 생계가 어려워 알바비 정도를 벌려고 한 일 때문에 수천만 원을 내고 합의를 하는 것도 어렵다. 법원 또는 검찰에서도 이런 경우 처벌의 예외를 인정하다 보면 계속 반복되어 발생하는 피해자의 손해를 막을 수 없다는 정책적 고려도 작용하는 것 같다. '비대면 면접과 개인정보 요구' 두 가지를 조심하자.

Episode 4
증인 찬스

W변의 버업 특강

'사람 말은 안 믿고 / 문서나 증거는 믿는다' 재판을 꽤 해본 사람이라면 너무나 당연하다 여길 말이다. 즉, 우리나라 법원은 사람이 한 말은 믿지 않고(사람이 한 말을 그대로 써낸 문서도 마찬가지), 문서로 작성된 내용은 대체로 그대로 믿는 것이 보통이다. 따라서 법정에서 아무리 말로 강하게 얘기하고, 증인 몇 명을 불러서 증언을 듣는다고 해도 판사 생각이 별로 바뀌지 않는다. 아래처럼 형사소송법은 증거재판주의에 따라 진행되기는 하지만, 증거라고 해도 같은 증거가 아닌 것이다.

> **형사소송법 제307조 증거재판주의**
> ① 사실의 인정은 증거에 의하여야 한다.
> ② 범죄사실의 인정은 합리적인 의심이 없는 정도의 증명에 이르러야 한다.

'하늘이 알고, 땅이 알고, 당신이 알고, 내가 안다'라고 아무리 따져봐야 문서 한 장을 당하기 힘든 것이다.

왜 사람 말은 안 믿고, 문서나 증거는 믿을까? 슬프게도 우리나라에는 위증, 무고가 꽤 많기 때문이다. 예를 들어 서양에서는 위증죄로 한번 처벌받으면 사회적으로 완전히 매장된다고 하는데, 우리나라에서는 '친한 사람을 위해서라면 어느 정도 사실과 다른 말을 할 수도 있다'라는 분위기랄까? '사회적인 신뢰'가 매우 중요시되는 선진국에 비해서 우리 사회는 아직 이런 점이 다소 부족한 듯 하다.

따라서 사회 활동을 할 때에는 상대방, 옆에서 보는 사람 등 '사람'을 너무 믿지 말고, 무조건 문서, 증거를 챙기는 것이 똑똑한 습관이겠다.

하늘과 땅을
증인으로 신청합니다!

헐

Episode 5
올바른 직장 사용법
- 근로계약서 편

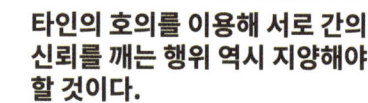

W변의 버업 특강

우리는 법이라고 하면 모두 다 비슷하게 생각하지만, 법 중에 가장 기본법인 민법을 따져보면 '강행규정'과 '임의규정'이라는 것이 있다. 쉽게 말해서 강행규정은 당사자 의사와 관계 없이 강제적으로 적용되는 규정을 말하고, 임의규정은 당사자의 의사로 달리 정할 수 있는 규정을 말한다.
그런데 근로기준법 같은 경우는 대부분 강행규정, 그것도 근로자에게 유리한 쪽으로 적용되는 편면적 강행규정이다.

근로기준법은 근로자를 보호하기 위한 법으로 근로자의 기본생활을 보장, 향상하기 위한 법이다. 그에 따라서 근로기준법에서 정하는 기준에 미치지 못하는 근로기준을 정한 근로계약은 그 부분에 한하여 무효로 하고, 무효로 된 부분은 근로기준법에 정한 기준에 따른다고 규정하는 것이다(근로기준법 제15조).

따라서 사용자와 근로자가 달리 합의를 해도, 근로기준법이 우선 적용된다. 그렇다면 만화에서처럼 사장과 직원이 다른 합의를 해도, 사장은 근로기준법 위반 혐의를 피할 수가 없는 것이다.
사업을 하면서 사람이나 말을 믿는 것보다는 알 것은 분명히 알고, 지킬 것은 지키는 것이 정답일 것 같다.

Episode 6
아버지의 붕어빵 가게

W변의 버업 특강

빚의 대물림을 막기 위해 민법은 상속포기 제도를 두고 있다. 즉, 피상속인(예를 들어 부모님)이 돌아가셨을 때, 상속인은 부모님의 재산과 빚을 상속할 수도 있지만, '상속을 받지 않겠다'고 선언하여 상속을 포기할 수도 있는 것이다(3개월 내에 가정법원에 상속포기의 신고를 해야 하고, 그렇지 않으면 그대로 상속을 하게 된다).

그런데 상속을 할 것인가 말 것인가를 판단하여 결정하기에 앞서 자칫 행동으로 저절로 상속을 하게 되는 경우가 있다. 법에서 정해진 단순승인, 즉 '법정단순승인' 사유인 '상속재산에 대한 처분행위'가 있는 경우이다(민법 제1026조 제1항).

민법 제1026조 (법정단순승인)
다음 각호의 사유가 있는 경우에는 상속인이 단순승인을 한 것으로 본다.
1. 상속인이 상속재산에 대한 처분행위를 한 때
2. 상속인이 제1019조 제1항의 기간 내에 한정승인 또는 포기를 하지 아니한 때
3. 상속인이 한정승인 또는 포기를 한 후에 상속재산을 은닉하거나 부정소비하거나 고의로 재산목록에 기입하지 아니한 때

만화에서 윤보씨 아버지는 빚만 있었으므로 윤보씨가 상속포기 신고를 한 이상, 윤보씨는 더 이상 상속재산에는 손을 대지 말아야 하는데, 상속재산을 처분했으므로 상속인이 단순승인을 한 것으로 보게 되어 더 이상 상속에서 빠져나갈 수가 없게 된 것이다. 잘 모르고 한 행동이 엄청난 결과가 되었다.

참고로 상속포기 신고를 하고 법원에서 이를 수리하는 심판을 고지하는 경우(즉, 상속포기 절차가 완료되어 효력이 발생된 경우) 이전과 이후가 약간 다르다. 이전이라면 모든 처분행위가 법정단순승인 사유가 되지만, 이후라면 '상속재산을 은닉하거나 부정소비하거나 고의로 재산목록에 기입하지 않은 경우'에만 단순승인 사유로 본다(민법 제1026조 제3항).

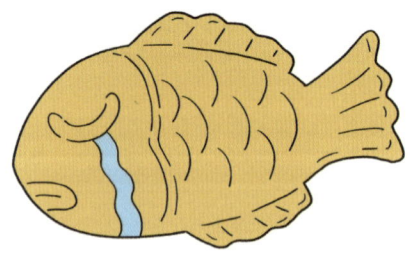

붕어빵불 효과 미쳤다...

Episode 7
너님의 이름은

 **W변의 버업 특강**

법적인 행위를 할 때는 당사자가 누구인지를 정확히 확인할 필요가 있다. '김철수'와 '김수철'은 다른 사람이지 않은가? 마찬가지로 '주식회사 SL솔루션'과 'SL솔루션 주식회사'는 다른 사람(법인)인 것이다.

당사자를 정확히 특정하는 문제는 소송에서도 흔히 중요하다. 사소한 오기의 경우에는 당사자 표시 정정으로 해결되지만, 당사자를 잘못 특정한 경우에는 아예 이전 소송을 취하하고 새로운 소송을 제기해야 할 수도 있다.

당사자를 정확히 특정하려면 법인등기부를 떼보면 된다. 만화에서도 나왔듯이 이는 법인등기부상 대표자와 계약서상 대표자가 일치하는지 확인하는 데도 도움이 된다.

참고로 법인등기부를 떼면 법인의 자본금 액수, 법인의 사업, 대표자가 어디 사는지 주소까지 나와 있으니, 법인(회사)에 대한 여러 추가 정보도 얻을 수 있다. 안전한 계약, 법적 거래를 위해서 1,000원은 꽤 싼 비용 아닌가!

Episode 8
내가 보낸 돈, 꿔준 거야?
준 거야?

W변의 버업 특강

A가 B에게 100만 원을 보냈다. A는 그 돈을 꿔준 거라고 주장하고(민법상 '소비대차'라고 한다), B는 그 돈을 증여받은 것이라고 주장한다. 누가 입증을 해야 할까?(입증책임을 질까?)

다소 놀랍게도 A가 '빌려준 돈'이라고 입증을 해야 한다. 법원의 논리는 이렇다. 돈이 송금된 것은 사실이라고 해도, 돈이 갈 때는 대여금일 수도 있고, 증여일 수도 있고, 돈을 갚는 것일 수도 있다. 따라서 송금이 있었다는 것만으로는 꿔준 돈이라고 단정할 수 없다. 따라서 꿔준 돈이라는 점은 '꿔준 돈이니 갚아라'라고 주장하는 사람이 진다는 것이다. 나름 합리적인 기준으로 생각된다.

또한 이러한 판단을 할 때는 금액, 횟수, 경위 등 여러 가지 간접사실도 보아 판단한다. 이때 이자가 없다는 점은 소비대차임을 주장하는 쪽에 불리하다(보통 돈을 이자 없이 꿔주지는 않으니까).

사안에서 창우씨도 자신이 꿔준 돈이라는 점을 잘 주장, 입증해야 할 것 같다.

Episode 9
투자금의 함정

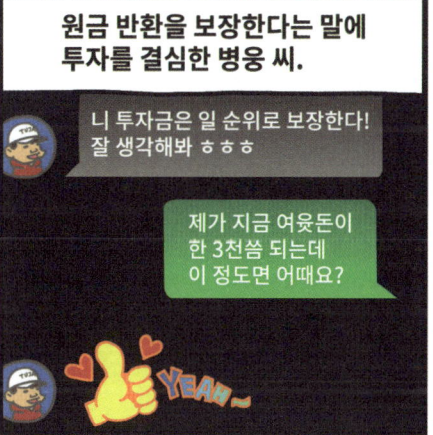

 **W변의 버업 특강**

A가 사업을 하는 B에게 돈을 보내준 경우, 크게 보면 두 가지로 생각할 수 있다. '대여금'인 경우와 '투자금'인 경우다.

'대여금'은 돈을 꿔주는 것이고, '투자금'은 돈을 투자하는 것이니, 성격이 약간 다르다. 꿔준 돈은 언젠가 다시 그 돈(+이자)을 돌려받는다는 약속이다. 투자금은 투자를 한 것이니, 사업이 잘되면 대박이 날 수도 있지만, 사업이 망하면 아예 돈을 돌려받지 못하는 경우가 되는 것이다.

따라서 전자는 안정성은 높지만, 수익성은 기대하기 힘들고, 후자는 안정성은 낮지만, 수익을 크게 얻을 가능성은 있다(물론 투자를 하면서도 투자자 입장에서 여러 안전장치를 마련해놓는 경우도 있다).

이런 양자의 관계를 정확히 파악해야, 내 돈을 어딘가에 또는 누군가에게 맡기면서 예측하지 못한 손해를 보는 일이 없을 것이다. '돈을 투자하여 고수익을 기대하면서도 원금은 보장받는다', 이런 식의 양손에 떡을 쥐는 상황은 쉽게 생기지 않을 것이므로.

Episode 10
나의 저작권 피해 배상 다이어리

W변의 버업 특강

미국에서 '맥도날드에서 뜨거운 커피 때문에 입을 데여서 수백억 원의 손해배상금을 받았다' 이런 식의 기사를 본 일이 있을 것이다. 우리나라라면 어땠을까? 아마도 병원 치료비 정도의 '실제 손해액'만 인정될 가능성이 크다.

개별법에 '3배 배상' 등 조항도 있지만, 우리 법의 기본원칙은 '실손해배상'이 원칙이다. '피해자는 절대로 피해받은 것 이상은 한 푼도 더 받아서는 안 된다'는 원칙인 것이다. 그래서인지 재산상 피해를 배상받았으면 정신적 피해는 배상을 좀처럼 안 해주고, 위자료도 배상액이 매우 짜다. 민법에 규정된 일반적인 원칙은 아래와 같다.

> **민법 제393조(손해배상의 범위)**
> ① 채무불이행으로 인한 손해배상은 통상의 손해를 그 한도로 한다.
> ② 특별한 사정으로 인한 손해는 채무자가 그 사정을 알았거나 알 수 있었을 때에 한하여 배상의 책임이 있다.

저작권 등 지적재산권의 경우도, '통상사용료', 즉 원래 내야 하는 사용료(로열티) 정도면 배상 끝이라는 식이다. 그러면 허락을 받고 사용하나, 불법으로 사용하나 어차피 내야 하는 사용료는 똑같고, 불법으로 사용하면 안 걸리는 일도 있으니 오히려 이득? 이렇게 자연스럽게 생각될 수도 있는 것이다.

또한 피해자 입장에서는 피해를 구제받기 위한 변호사 선임비 등 비용을 생각하면 법정싸움을 주저하게 된다. 결과적으로 피해자는 쉽게 피해를 당하는 입장이 된다.

현재 우리 법 시스템이 그렇기에 어쩔 수 없는 점이 있다. 아쉬운 대로 형사고소를 이용해 형사처벌을 받게 하고(그러면서 합의가 될 수도…) 소액사건인 경우 본인이 직접 소송을 하는 등 피해를 좀 회복할 방법을 찾아보자.

Episode 11
사업자로 만들어드려요

W변의 버업 특강

만화 내용 그대로 세무서에 가보면 '사업자등록 명의대여는 범죄행위입니다'라는 포스터가 붙어 있고, 명의를 빌려주면 조세범처벌법에 의해 1년 이하 징역이나 1,000만 원 이하의 벌금까지 내야 한다는 경고가 붙어 있다. 자신의 이름을 사업자로서 내건다면 상법적으로는 명의대여자 책임을 진다. "타인에게 자기의 성명 또는 상호를 사용하여 영업을 할 것을 허락한 자는 자기를 영업주로 오인하여 거래한 제3자에 대하여 그 타인과 연대하여 변제할 책임이 있다."(상법 제24조).
또한 과세관청에 대해서는 세금을 납부해야 할 책임을 지는데, 세금을 내기로 한 사람이 내지 않으면 결국 명의자가 세금을 내야 하는 것이다.

조세범처벌법상 형사처벌도 받을 수 있게 된다. "조세의 회피 또는 강제집행의 면탈을 목적으로 자신의 성명을 사용하여 타인에게 사업자등록을 할 것을 허락하거나 자신 명의의 사업자등록을 타인이 이용하여 사업을 영위하도록 허락한 자는 1년 이하의 징역 또는 1천만 원 이하의 벌금에 처한다."(제11조 제2항).

참고로 미국 법조 드라마에 흔히 '형사처벌을 쉽게 하지 못하면 국세청을 시켜서 세금면탈에 대한 책임을 묻게 하자.'는 나오는 대화 장면이 심심치 않게 등장한다. 어찌 보면 형사처벌보다 더 무서운 것이 세금이랄까? 호의로 또는 경솔하게 빌려준 사업자 명의로 인해서 자신의 미래를 가로막는 결과가 될 수도 있으니 명의는 절대로 빌려주지 말기로 하자.

Episode 12
나는 말하지 않을 수 없었다

W변의 버업 특강

흔히 '사실을 말했다면 명예훼손이 안 된다', '한 명에게만 말했으면 명예훼손이 안 된다'고 오해를 한다.

전자의 경우 절반만 맞는 말이다. 진실한 사실을 적시하는 행위가 오로지 공공의 이익에 관한 때에는 처벌받지 않는다(형법 제310조). 하지만 남의 평가를 떨어뜨리는 말을 하면 그것이 사실이라고 해도 우선 명예훼손이 성립하고, 그 행위가 오로지 공공의 이익에 관한 것임은 행위자가 입증해야 하니 매우 어려운 일이다.

> **형법 제307조(명예훼손)**
> ① 공연히 사실을 적시하여 사람의 명예를 훼손한 자는 2년 이하의 징역이나 금고 또는 500만 원 이하의 벌금에 처한다.
> ② 공연히 허위의 사실을 적시하여 사람의 명예를 훼손한 자는 5년 이하의 징역, 10년 이하의 자격정지 또는 1천만 원 이하의 벌금에 처한다.
>
> **제310조(위법성의 조각)** 제307조제1항의 행위가 진실한 사실로서 오로지 공공의 이익에 관한 때에는 처벌하지 아니한다.

후자의 경우도 절반만 맞는 말이다. 그 한 명이 뭔가 특수한 사람(예컨대 징계권자)이라면 예외적으로 명예훼손이 안될 수 있지만, 보통의 경우라면, 그 한사람으로부터 다른 사람에게 퍼져나갈 수 있으므로(전파성의 이른) 명예훼손이 된다고 봄이 판례 입장이다.

조금 다른 얘기지만, 인터넷 게시판에서 이런 얘기를 종종 본다. "내가 어떤 남자의 불륜 사실을 알았는데 그 와이프한테 얘기해줄까 말까 고민 중이다." 이 경우 와이프에게 얘기를 하면 명예훼손이 될까? 아마도 되지 않을 것 같다. 그 와이프는 남편의 불륜 사실을 여기저기 퍼뜨릴 것 같지 않기 때문이다.

하지만 대체로 댓글의 중론은 '남의 사정도 모르면서 그런 걸 왜 알리느냐'이다. 법을 떠나서, 이런 생각이 생활의 지혜, 집단지성, 현명한 의견 아닐까?

Episode 13
과외비는 나의 것

W변의 비법 특강

우리가 계속 염두에 두고 있지 않으면 간과하기 쉬운 것이 소멸시효 제도이다(30여 년을 돌아가 회상해보면 민법총칙 책을 처음 보고 있는 1학년생 W변은… 민법의 소멸시효 몇몇 조문을 몇 년까지 외워야 하는지 고민하고 있는데… 돌이켜 생각하면 선배들의 도움을 좀 받으며 공부를 해볼 걸, 너무 맨땅에 헤딩하는 식으로 공부했던 것 같다).

여하튼 기본적인 개념은 '권리를 어느 기간 행사하지 않으면 소멸시효가 완성되어 더 이상 권리행사를 하지 못하게 된다'는 것이다. 간단하고 기본적인 것으로는 채권은 10년, 상법상 채권은 5년, 불법행위는 안 날로부터 3년. 이 세 가지 정도는 상식으로 알아두면 좋겠다.

살짝 더 복잡한 것이 '단기소멸시효'이다. 3년짜리는 민법 제163조, 1년짜리는 민법 제164조에 규정되어 있는데, 3년짜리의 예를 들면 '의사, 간호사, 약사의 채권', '공사에 관한 채권', '변호사의 직무에 관한 채권' 등이 있다. 1년짜리의 예를 들면 '여관의 숙박료, 음식점의 음식료', '노역인, 연예인의 임금', '학생 및 수업자의 교육 등에 관한 교사의 채권' 등이 있다. 이런 것들은 조금 더 신경써서 염두에 두어야 할 내용이다.

그나저나, 법과 가장 관련된 직업인 변호사의 직무에 관한 채권(수임료)도 3년의 소멸시효에 걸린다니, 법은 나름 공평하지 않은가?

민법 제163조 (3년의 단기소멸시효)

다음 각호의 채권은 3년간 행사하지 아니하면 소멸시효가 완성한다.

1. 이자, 부양료, 급료, 사용료 기타 1년이내의 기간으로 정한 금전 또는 물건의 지급을 목적으로 한 채권
2. 의사, 조산사, 간호사 및 약사의 치료, 근로 및 조제에 관한 채권
3. 도급받은 자, 기사 기타 공사의 설계 또는 감독에 종사하는 자의 공사에 관한 채권
4. 변호사, 변리사, 공증인, 공인회계사 및 법무사에 대한 직무상 보관한 서류의 반환을 청구하는 채권
5. 변호사, 변리사, 공증인, 공인회계사 및 법무사의 직무에 관한 채권
6. 생산자 및 상인이 판매한 생산물 및 상품의 대가
7. 수공업자 및 제조자의 업무에 관한 채권

제164조 (1년의 단기소멸시효)

다음 각호의 채권은 1년간 행사하지 아니하면 소멸시효가 완성한다.

1. 여관, 음식점, 대석, 오락장의 숙박료, 음식료, 대석료, 입장료, 소비물의 대가 및 체당금의 채권
2. 의복, 침구, 장구 기타 동산의 사용료의 채권
3. 노역인, 연예인의 임금 및 그에 공급한 물건의 대금채권
4. 학생 및 수업자의 교육, 의식 및 유숙에 관한 교주, 숙주, 교사의 채권

Episode 14
내용증명 요리법

W변의 버업 특강

흔히 하는 오해 중 하나가 내용증명에 무슨 법적인 효력이 있어서 대응하지 않으면 책임을 인정하는 것이라느니 하는 것들이다.

내용증명은 '우편물의 내용인 문서를 등본으로 증명하는 제도'를 말한다. 결국 내용증명우편도 일반우편이나 등기우편과 법적인 효력은 다를 바 없는 우편인데, 단지 그러한 내용을 발송했다는 것을 증명한다.

실제 내용증명을 보낼 때는 우체국에 똑같은 내용을 3통 써 가지고 가면 우체국에서 3통의 내용이 모두 동일한지 확인한 다음 도장을 찍어서 한 통은 보내고, 한 통은 우체국에 보관하고, 한 통은 돌려준다. '이런 내용의 우편을 발송했다'는 것을 공적인 일자를 덧붙여 남기는 것이다. 그렇기 때문에, 받는 사람의 입장에서 보면 내용증명은 그냥 무시해도 별 상관은 없다. 그냥 상대방이 그러한 말을 했다는 것을 들었을 뿐이니까.

다만, 간단하게라도 반박을 하는 것이 좋을 때도 있는데, '나도 역시 이렇게 반박할 내용이 있다, 내가 할 말이 없는 게 아니다'라는 것을 상대방에게 알려주고, 그렇게 반박했다는 사실을 알리기 위해서이다. 그렇지 않으면 마치 내가 아무런 할 말이 없는 것처럼 상대방이 오해할 수 있으니까.

내용증명은 당사자가 써도 무방하나, 구체적인 법적 조치가 진행될 것 같은 상황이라면 변호사의 도움을 받아서 작성하는 것이 좋겠다.

Episode 15
비밀의 명단

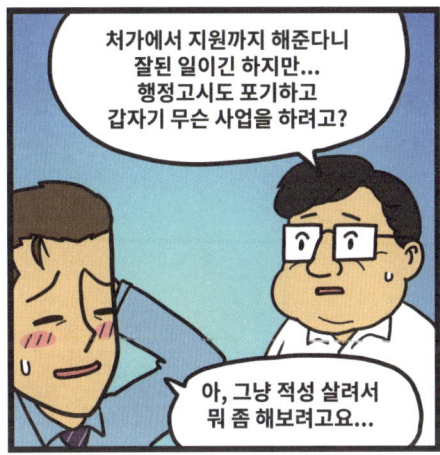

W변의 버업 특강

'영업비밀'은 흔히 우리가 생각하는 기업의 비밀 정보, 예를 들어서 반도체 설계도, 기계 설계도 등이다. 아마 가장 유명한 영업비밀은 '코카콜라의 제조 방법'일 것 같다. 아래 요건만 갖춘다면 고객 리스트, 제품원가, 판매 방법 등도 영업비밀이 될 수 있다.

영업비밀로 주장하려면 그 정보가 공공연히 알려져 있지 않고(비공지성), 독립된 경제적 가치를 갖고(경제적 유용성), 비밀로 유지되어야 한다(비밀관리성).

부정경쟁방지 및 영업비밀보호에 관한 법률

제2조(정의)
이 법에서 사용하는 용어의 뜻은 다음과 같다.
2. "영업비밀"이란 공공연히 알려져 있지 아니하고 독립된 경제적 가치를 가지는 것으로서, 비밀로 관리된 생산방법, 판매방법, 그 밖에 영업활동에 유용한 기술상 또는 경영상의 정보를 말한다.

제10조(영업비밀 침해행위에 대한 금지청구권 등)
① 영업비밀의 보유자는 영업비밀 침해행위를 하거나 하려는 자에 대하여 그 행위에 의하여 영업상의 이익이 침해되거나 침해될 우려가 있는 경우에는 법원에 그 행위의 금지 또는 예방을 청구할 수 있다.

제11조(영업비밀 침해에 대한 손해배상책임)
고의 또는 과실에 의한 영업비밀 침해행위로 영업비밀 보유자의 영업상 이익을 침해하여 손해를 입힌 자는 그 손해를 배상할 책임을 진다.

그런데 실무상 가장 많이 문제되는 것은 '비밀관리성'이다. 동네방네 알려진 내용을 영업비밀이라고 주장하기는 좀 뭣하고, 대체로 영업비밀이라는 것은 경제적으로 가치있는 경우가 보통이기 때문이다. 비밀관리성이란 그 자료를 '비밀로 관리'해야 한다는 것인데, 비밀이라고 표시를 하고, 비밀번호를 걸거나, 접근대상자를 제한하거나 하는 방식의 관리를 의미한다.

실제로 구체적인 사안을 들여다보면, 전직원이 언제든지 확인할 수 있는 종이 자료라거나 공유 하드디스크에 있는 자료는 비밀로 관리가 안 되었다는 이유로 영업비밀을 인정 못받는 경우가 많다. 그야말로 '비밀은 지킬 때만 비밀'이고 '비밀 관리가 없다면 비밀이 아니다'가 되는 셈이니, 소중한 자료는 각별히 주의를 기울여 관리해야 할 것이다.

Episode 16
동업 결의

W변의 버업 특강

둘이, 아니면 셋이 뜻이 맞아서 동업을 하는 경우가 있다. 이때 우리나라 사람들의 성격이나 성향상, 서로 죽이 맞아서 형님동생 하면서 사업을 시작하지, 그 내용을 문서화까지 하는 경우는 좀처럼 없을 것이다.

어려울 때는 서로 어려워서 위로하고 어떻게든 사업을 수습하느라 좀처럼 싸움이 나지 않는데, 보통 싸움이 나는 것은 그 사업이 잘될 때이다. 이렇게 싸움이 나면 처음 동업을 하자고 할 때 누가 무슨 말을 했느니 하고 싸우지만, 당연히 예상하듯이 서로 생각이 다르고 말이 달라서 그때 원만히 협의가 되기는 쉽지 않다. 그렇다면 어떻게 해야 할까? 다소 어색하고 형식이 좀 어설퍼도 인터넷 등에서 찾은 동업계약서를 써서 사업을 시작하고, 실제 회사 지분도 그에 맞추는 것이 좋겠다.

가장 좋은 방법은 다소 비용을 들이더라도 변호사 등을 통해서 그런 점들을 확인하고 사업을 시작하는 것일 듯하다. 실제로 사례를 보면 아무런 동업계약서 없이 사업을 시작하는 경우도 종종 보고, 엉성하지만 동업계약서를 쓰고 사업을 시작하는 경우도 보는데, 후자가 훨씬 건전하고 순탄하게 관계가 지속되는 듯하다.

오래오래 같이 갈 동행자라면, 그 사람을 못믿어서가 아니라, 각자의 마음을 경계하기 위해서라도 이런 문서 하나쯤은 작성하는 것이 좋지 않을까?

Episode 17
빼앗긴 전세 보증금

W변의 버업 특강

2023년 현재 전세금 사기 대란 등의 문제가 발생했지만, 이는 여러 문제가 복합적으로 생기며 사례가 대폭 늘고 전국화된 것이고, 이런 전세 보증금 문제는 예전부터 존재해왔다.

개인적으로는 예전부터 우리나라의 젊은 가족들이 안정적인 주거를 얻는 제일 좋은 방법으로 생각되던 전세가 점차 사라지고 월세로 바뀌는 것을 보면서 다소 아쉬운 감정이 들기는 하지만, 아마도 다양한 이유에서 이렇게 바뀌는 것이겠지... 하는 생각이 든다.

본 만화에서 다룬 것은 가장 기본적인 수준의 지식이다. 부족하지만 전세금 사기를 막기 위해서 가장 기본은 등기부를 떼어보고 내용을 확인하는 것이다. 부동산등기부는 국민 누구나 1,000원 정도의 비용이면 인터넷으로 쉽게 떼어볼 수 있으니 큰 어려움도 없다. 거래 전후에 등기부 몇 번 떼어보고 몇 천만 원 이상의 손해를 막을 수 있다면 별로 큰 비용은 아니라고 생각한다.

등기부에 압류, 가압류, 가등기, 가처분, 저당권 등 권리제한 사항이 있으면 일단 비상상황으로 보아야 한다. 반드시 구체적인 내용을 확인해보고 내가 전세금 회수를 하는데 문제가 없을지 확인해야 한다.

관련하여 사기 방법도 진화하고, 다소 더디지만 법도, 제도도 계속 바뀌고 있다. 본인이 전세 등을 얻고자 한다면 다소 피곤하지만 그때마다 인터넷 검색 등으로 업데이트된 지식을 알아보고 적용해보아야겠다.

사기당하지 않을 권리!

Episode 18
법원! NO FEAR!

W변의 버업 특강

　사실 보통 사회생활을 하는 사람이 법원, 검찰, 경찰에 갈 일이 얼마나 있겠으며 얼마나 떨리겠는가. 너무 무서워서 뭔가 물어보고 알아보고 하는 것조차 두렵고 부담스러울 수 있다.

　변호사로서 가장 안타까운 순간은 법률상담을 했는데 상담자가 피고 입장에서 소장을 받고서도 아무런 대응을 하지 않아 판결이 확정된 경우이다. 이런 때에는 변호사도 당사자도 할 수 있는 일이 아무 것도 없다.

　이런 상황은 보통 법이나 소송 절차를 너무 모르기 때문에 생기는 일인데, 소송이라고 해도 차근하게 대응한다면 겁낼 일은 없다. 결국 법원도, 검찰, 경찰도 국가가 국민을 보호하고 권리회복을 도우려고 만든 제도 아니겠는가?

　사실 필자가 법정에 처음 서던 2005년 경에는 필자도 법원에 가는 것이 스트레스이고 무서웠지만, 지금은 판사들도 예전보다 훨씬 많이 부드러워졌다. 게다가 어쩔 때는 변호사 없는 당사자들에게 너무나 친절한 것 같아서 오히려 변호사라서 불이익을 입는 것 같은(!) 생각이 들기도 한다.

　만화에 나오는 구체적인 상황들은 각각 보면 그대로 이해될 만한 내용들이므로 재차 설명하지는 않겠지만, 어떤 일로 인해서이든, 법정에 서는 것을 너무 무서워하지는 말자. 나도 세금을 내는 국민으로서, 역시 국가기관인 법원에서 일정한 절차를 진행하는 것뿐이니.

W변의 버업 특강

    우리나라는 사기죄 범죄가 많다고 평가되는데, 한편으론 일제시대 → 해방 → 6.25전쟁으로 이어지며 사회가 다이나믹하게 발전해왔다는 점 때문인 것 같고, 다른 한편으로는 우리나라에 국가 형벌권(즉 검찰, 경찰)이 상대적으로 강한 영향력을 행사해왔다는 방증인 것 같다. 실제로 외국의 사례를 보면, 우리나라처럼 법원 옆에 검찰이 거의 법원만한 건물을 짓고 들어서 있는 경우를 거의 보지 못했다. 그만큼 국민생활의 많은 문제들이 형사적으로 다루어지고 있다.

    그런 점에서 '사기죄 형사처벌'은 매우 흔히 접하는 문제다. '차용금 사기'(돈을 꾸는 것이 사기가 되는가)의 가장 기본적인 기준은 '돈을 꾸는 시점에 변제할 의사 또는 능력이 있었는지' 여부에 따라 판단되는데 예를 들어 돈을 꿀 때는 차후 돈을 갚을 의사도 능력도 있었는데 나중에 경제적으로 어려워져 돈을 갚지 못하면 사기죄가 되지 못한다는 식이다. 하지만 실제로는 이것도 애매한 경우가 많고, 입증하기가 쉽지 않다.

    실무적으로는 구체적인 사실에 대해서 거짓말을 한 경우라면 사기죄를 입증하기가 쉬워진다. 사안의 경우 '허준영이 아버지 회사 일을 하고 있는데 차후 여행사에 밀어주기로 했다'라는 구체적인 부분에서 거짓말이 있었다면 사기죄로 볼 가능성이 높아진다는 것이다.

    차용금 사기 문제는 종종 친한 사이에서 생겨 인간관계까지 멀어지게 하는 씁쓸한 전개가 많다. 그래서 흔히들 '돈을 꿔달라는 부탁을 받으면, 못 받는다고 생각하고 줘도 아깝지 않을 정도의 돈을 빌려줘라'라고 말한다. 그리고 보니 필자도 이런 식으로 '못받는 셈 치고 돈을 빌려준' 경우가 세 번 있었는데, 한 번도 받지 못했던 것 같다. ㅠ.ㅠ

멀고도 먼 사기 입증의 길...

Episode 20
바람둥이의 결혼 약속

W변의 배법 특강

법률적 측면에서만 말하면, 남녀관계 문제는 한편으로 말랑말랑해지고 다른 한편으로는 엄격해져온 것 같다.

유연해진 측면은, 남녀 개개인의 사귐 또는 성적 문제에 대해서 국가는 대체로 손을 떼고, 당사자들이 알아서 할 문제로 여기는 추세라는 점이다. 예를 들어 간통죄를 폐지한다거나, 혼인빙자간음죄를 폐지하는 등이다. 간통죄는 오랜 기간 '혼인한 남녀의 사랑'에 결정적인 장애물이 되어 왔고, 아무도 간통죄 처벌이 이상한 것이라고 생각하지 않았지만, 잘 생각해보면 혼인은 결국 당사자 간의 사랑으로 지킬 문제이지, 국가가 나서서 간섭할 일은 아니라는 가치의 변화가 일어난 것이다.

엄격해진 측면은, 성적인 위법행위에 대해서는 오히려 더 강력한 처벌을 하고 있다는 점이다. 예컨대 강간죄에 대해서 친고죄 조항을 폐지하여 당사자 의사에 상관없이 엄벌을 하고 있다. 성범죄에 대한 처벌은 점점 엄격해지고 강도가 세져서, 성범죄에 한해서만은 '무죄추정'이 아닌 '유죄추정'이 원칙인 듯한 느낌도 있다.

전자와 관련해서 나오는 말이 '성적 자기결정권'이다. 즉 성적인 문제에 대한 결정은 (위법행위가 개입되지 않는 한) 스스로 결정하고 그것에 대해서 책임을 지도록 하자는 것이다. 현명한 판단과 안목이 아름다운 사랑으로 이어진다는 입장에서 본다면
이것은 지지할 수 있지 않을까?

Episode 21
나에게 압수수색이?

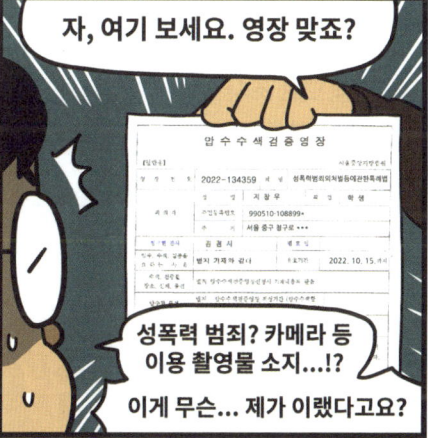

W변의 버업 특강

최근 법조계 관련 언론에 심심치 않게 보도되는 압수수색! 그만큼 압수수색이 흔한 일이 되었다. 그러나 압수수색은 보통 사람으로서는 평생 한 번 당할까 말까 한 일이기 때문에 매우 당황하게 되고 대응하기 힘들 수 있다.

> **형사소송법 제215조(압수, 수색, 검증)**
> ① 검사는 범죄수사에 필요한 때에는 피의자가 죄를 범하였다고 의심할 만한 정황이 있고 해당 사건과 관계가 있다고 인정할 수 있는 것에 한정하여 지방법원판사에게 청구하여 발부받은 영장에 의하여 압수, 수색 또는 검증을 할 수 있다.
> ② 사법경찰관이 범죄수사에 필요한 때에는 피의자가 죄를 범하였다고 의심할 만한 정황이 있고 해당 사건과 관계가 있다고 인정할 수 있는 것에 한정하여 검사에게 신청하여 검사의 청구로 지방법원판사가 발부한 영장에 의하여 압수, 수색 또는 검증을 할 수 있다.

압수수색과 관련해서는 영장의 특정성, 포괄적 압수, 별건압수의 위법성 등 여러 문제가 있으나 여기서 자세히 언급하기는 적절하지 않은 듯하다.

일반적인 가이드를 말하자면, 매번 이런 일을 하는 수사기관과 달리, 압수수색을 당하는 보통 사람은 평생 처음 겪는 일에 너무나 당황하고 아무런 지식이 없는 것이 보통이어서 압수수색에 대응하기 힘들기 때문에 가급적 전문가(변호사)의 도움을 얻는 것이 좋다.

또 하나 주의해야 할 것은 어물쩍하게 '임의제출'을 해서는 안 된다는 것이다. 임의제출을 하는 순간 강제수사에 관한 많은 형사소송법 법규들이 적용되지 않게 되는 불이익을 당하게 된다. 따라서 '좋은 게 좋은 거'라는 말은 압수수색 현장에서는 생각하지 말아야 한다.

Episode 22
성범죄 누명은 예기치 않게

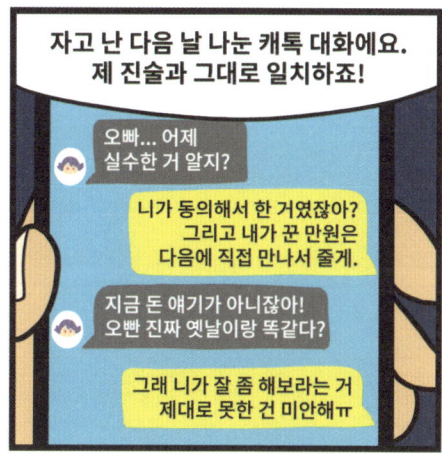

 **W변의 비업 특강**

성범죄는 마땅한 증거가 없어서 진술로 결정이 나는 경우가 많다. 마치 주고받는 사람 외에는 다른 증거가 없는 뇌물죄의 경우와 같다. 현장에 다른 사람은 아무도 없고 달리 증거도 남지 않으니까.

이런 경우 판사들은 어떤 기준으로 판단할까? 결국 당사자의 진술(말)이다.

그렇기 때문에 가해자 입장이건 피해자 입장이건 일관성이 가장 중요하다. 만약 진술이 오락가락하면 가장 중요한 증거인 진술을 믿지 못하게 되는 것이다. 따라서 가급적 초기 단계부터 전문가(변호사)와 함께 사실관계에 대해서 세세하게 완벽하게 정리해서 일관된 진술이 이루어지도록 하는 것이 좋다.

게다가 요즘 두드러진 경향인데 '성범죄에 관해서는 유죄추정의 원칙'이라고 말할 정도로 성범죄의 경우 가해자(보통 남성)에게 매우 가혹하고 엄한 판단이 이루어지고 있다(개인적인 생각이지만, 부인하면 부인한다고 가중처벌이 되는 것은 좀 심하지 않은가?).

그리고 이런 상황이라면, 좀 망신스러운 디테일(?)은 오히려 적극 까발리는 것이 훨씬 더 리얼해 보이고, 그래서 결국 본인에게 유리하지 않을까?

Episode 23
빼앗긴 그림에 봄은 오는가

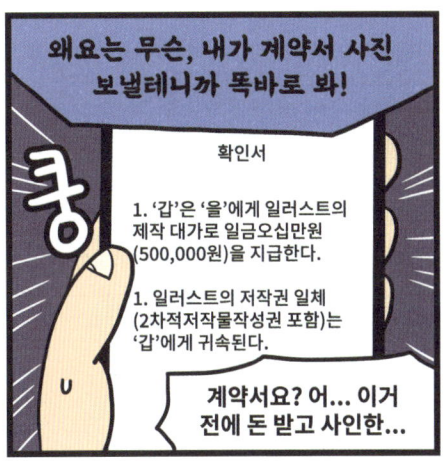

W변의 버업 특강

필자는 저작권, 엔터테인먼트 관련 일을 많이 해서 그쪽 계약서를 많이 보게 된다. 그때 가장 먼저 보는 조항이 저작권 조항이다. 저작권이 어떤 식으로 처리되는지가 제일 중요한 포인트다.

우리가 집을 사고 파는 것과 집을 빌리는 것을 헷갈리지는 않는데, 눈에 보이지 않는 지적재산권(무체재산권)은 계약서를 보기 전에는 어떻게 흘러가는지 알기가 힘들다. 따라서 그런 업무에 종사하는 사람들은 계약서에서 권리 조항을 항상 유심히 보는 습관을 들여야 한다.

본 만화와 비슷한 사안이 '구름빵' 사건이다. 해당 사건에서도 '구름빵' 저자와 출판사 간의 계약서에 저작권 양도 조항이 있었던 것이 큰 분쟁의 씨앗이 되었고, 결과적으로는 저자가 오랜 소송을 했지만 패소하였다.

법원 판사들은 일반적으로 계약서에 써있는 대로 판단을 하기 때문에, 결국 모든 법적인 효과 또한 계약서나 문서의 문구 하나하나에 따라 크게 왔다갔다 하는 경우가 많다.

저작권이 양도되면 배타적, 독점적 권리가 상대방에게 넘어가서, 그 이후로는 원작자도 마음대로 그림을 못 그린다는 비극적 상황이 된다. 아무쪼록 이런 계약서를 쓸 때는 신중, 신중하게!

Episode 24
나의 특허를 지켜줘

W변의 버업 특강

특허는 신규성과 진보성이 있어야 한다. 신규성이란 기존에 없는 발명이어야 한다는 것으로, 출원 전에 누군가가 그 발명을 실시했다면 특허를 받을 수 없게 된다. 예를 들어서 누군가가 이미 몇 년 전에 세상에 선보인 물건에 대해서는 특허를 낼 수 없다.

특허법 제29조(특허요건)
① 산업상 이용할 수 있는 발명으로서 다음 각 호의 어느 하나에 해당하는 것을 제외하고는 그 발명에 대하여 특허를 받을 수 있다.
1. 특허출원 전에 국내 또는 국외에서 공지(公知)되었거나 공연(公然)히 실시된 발명
2. 특허출원 전에 국내 또는 국외에서 반포된 간행물에 게재되었거나 전기통신회선을 통하여 공중(公衆)이 이용할 수 있는 발명
② 특허출원 전에 그 발명이 속하는 기술분야에서 통상의 지식을 가진 사람이 제1항 각 호의 어느 하나에 해당하는 발명에 의하여 쉽게 발명할 수 있으면 그 발명에 대해서는 제1항에도 불구하고 특허를 받을 수 없다.

그렇다면 그 세상에 선보인 사람이 나 본인인 때에도 그럴까? 왠지 나 자신은 해당할 것 같지 않은데… 실제로는 나 자신의 경우도 이에 해당한다. 결국 내가 발명해서 여러 사람에게 보여준 물건이라면 내가 특허 출원을 해도 신규성이 없다는 이유로 거절을 당한다는 것이다(다만, 내가 실시한 다음에 1년 안에 출원하면 등록을 받을 수 있다는 '신규성 상실의 예외'

가 있긴 하다).

 이런 예를 잘 보여준 유명한 예가 '지팡이 아이스크림'과 '움직이는 토끼귀 모자'이다. 따라서 기발한 발명을 생각해낸 독자 발명자여, 함부로 그 발명을 남에게 보여줘서는 안 된다. 몰래 연구를 하고 실험을 해본 다음에 출원을 하고 그다음에 여러 사람에게 선보이도록 하자.

 참고로 특허로 등록되려면 '신규성' 외에도 '진보성'이 필요하다. 진보성은 특허출원 전에 그 발명이 속하는 기술분야에서 보통 지식을 가진 사람이 쉽게 고안할 수 없어야 한다는 것이다. '신규성' 있는 발명이라고 해도, 이런 사람이 너무 쉽게 아이디어를 낼 수 있는 것은 '진보성'이 없으므로 특허 등록이 거절된다.

Episode 25
내가 뭘 할 수 있는데

 **W변의 버업 특강**

　민법을 배울 때 가장 먼저 배우는 것이 '민법총칙'이고, 그 민법총칙에서도 가장 앞부분에 민법상 '인'이 나오는데, '인'은 자연인(사람)과 법인(예를 들어 주식회사)으로 나뉜다.

　결국 법인(주식회사)은 대표이사 개인과는 별개의 법인격이다. 따라서 법인(주식회사)에 대한 법적 관계가 있다고 해도, 그것은 대표이사 개인과는 별개 문제이다. 우리가 법인과 법적 관계를 맺으며 결국 책임을 물을 수 있는 것은 법인뿐인 것이다.

　그렇기에 믿을 만한 회사가 아니라면(예를 들어 깡통 같은 회사라면) 나중에 회사를 상대로 아무리 소송을 하고 이겨봐야 별 의미가 없는 판결만 받는 셈이다. 따라서 이럴 때는 물적인 보증 또는 인적인 보증을 요구하는 것이 정답이다. 이런 보증 없이 그냥 회사를 상대로만 책임을 묻는다면, 가공의 법인격인 '법인'(회사)에 아무런 재산이 없으면 결국 건질 것이 없게 된다.

　다만, 다소 불완전하지만 방법이 있다면, 법적 조치 시에 이사 또는 대표이사에게 책임을 묻는 소송도 가능하고, 흔히 이런 식으로 소송을 제기하기도 한다. 상법 제401조(이사가 고의 또는 중대한 과실이 있을 때) 또는 제210조(대표자가 업무집행으로 타인에게 손해를 가한 때)를 근거로 회사(법인)과 함께 대표이사 또는 이사에게 함께 책임을 묻는 것이다.

법으로 버업되는 만화
당하지 않고 살아가는 25가지 필수 법 상식

초판 1쇄 발행 2023년 9월 1일

글 W변(이영욱) **그림** 샤다라빠

펴낸이 최현우 · **기획** 박현규, 최현우 · **편집** 김성경, 최현우

디자인 박세진 · **조판** SEMO

펴낸곳 골든래빗(주)

등록 2020년 7월 7일 제 2020-000183호

주소 서울 마포구 신촌로2길 19, 302호

전화 0505-398-0505 · **팩스** 0505-537-0505

이메일 ask@goldenrabbit.co.kr

홈페이지 www.goldenrabbit.co.kr

SNS facebook.com/goldenrabbit2020

ISBN 979-11-91905-39-7   03000

* 파본은 구입한 서점에서 바꿔드립니다.

우리는 가치가 성장하는 시간을 만듭니다.

골든래빗은 가치가 성장하는 도서를 함께 만드실 저자님을 찾고 있습니다.
내가 할 수 있을까 망설이는 대신, 용기 내어 골든래빗의 문을 두드려보세요.
apply@goldenrabbit.co.kr

이 책은 대한민국 저작권법의 보호를 받습니다.
일부를 인용 또는 재사용하려면 반드시 저자와 골든래빗(주)의 동의를 구해야 합니다.